BEI GRIN MACHT SICH IHR WISSEN BEZAHLT

- Wir veröffentlichen Ihre Hausarbeit,
  Bachelor- und Masterarbeit

- Ihr eigenes eBook und Buch -
  weltweit in allen wichtigen Shops

- Verdienen Sie an jedem Verkauf

Jetzt bei www.GRIN.com hochladen und kostenlos publizieren

Sportanlagen- und Sportstättenmanagement

Lukas Faria

Bibliografische Information der Deutschen Nationalbibliothek:

Die Deutsche Nationalbibliothek verzeichnet diese Publikation in der Deutschen Nationalbibliografie; detaillierte bibliografische Daten sind im Internet über http://dnb.d-nb.de abrufbar.

ISBN: 9783346423696
Dieses Buch ist auch als E-Book erhältlich.

© GRIN Publishing GmbH
Nymphenburger Straße 86
80636 München

Druck und Bindung: Books on Demand GmbH, Norderstedt Germany
Gedruckt auf säurefreiem Papier aus verantwortungsvollen Quellen

Das vorliegende Werk wurde sorgfältig erarbeitet. Dennoch übernehmen Autoren und Verlag für die Richtigkeit von Angaben, Hinweisen, Links und Ratschlägen sowie eventuelle Druckfehler keine Haftung.

Das Buch bei GRIN: https://www.grin.com/document/1019732

Deutsche Hochschule für

Prävention und Gesundheitsmanagement

Hermann Neuberger Sportschule 3

66123 Saarbrücken

Einsendeaufgabe

Fachmodul: Sportanlagen- und Sportstättenmanagement

Studiengang: Sportökonomie

Datum
Präsenzphase: 23.04.2019 – 26.04.2019

Name, Vorname: Faria, Lukas

Studienort: **München**

Semester: **Wintersemester 2016**

Inhaltsverzeichnis

1 Sportanlagen- und Sportstättenbau

Zu Beginn wird der Bau einer Sportstätte in Form eines PLANNET-Diagrammes und anhand der Netzplantechnik grafisch dargestellt.

Die untenstehende Tabelle (Tab. 1) veranschaulicht die Übersicht der verschiedenen Bauphasen mit dem jeweiligen Zeitbedarf.

Tabelle 1: Übersicht der Bauvorgänge (eigene Darstellung)

Vorgang	Zeitbedarf (Monate)	Vorgänger	Nachfolger
A Markt- und Bedarfsanalyse	2	-	B, C
B Standortwahl	1	A	D
C Sportverhaltens- und Nutzeranalyse	3	A	D
D Raumprogramm und Funktionsanalyse	1	B, C	E
E Konzeptualisierung mit Kostenschätzung und Betriebskostenanalyse	4	D	F
F Machbarkeit und Finanzierung klären	6	E	G
G Planung und Festlegung der Baudetails	8	F	H
H Realisierung des Baus	14	G	I
I Betrieb der Sporthalle	>12	H	-

Im Folgenden wird das PLANNET-Diagramm grafisch dargestellt.

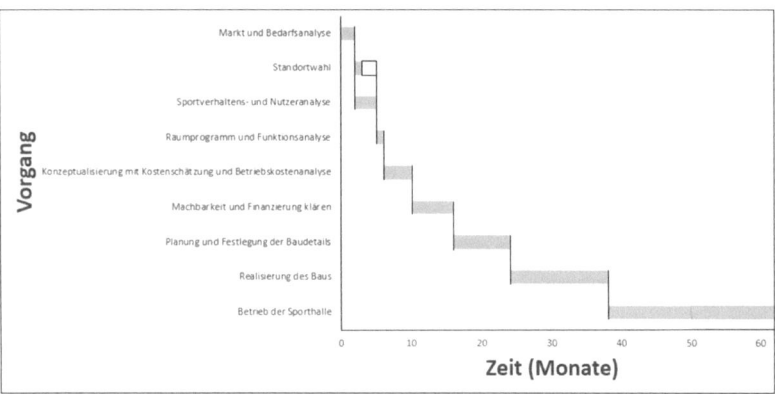

Abbildung 1: Darstellung in Form eines PLANNET-Diagrammes (eigene Darstellung)

Die folgende Abbildung zeigt die Netzplantechnik.

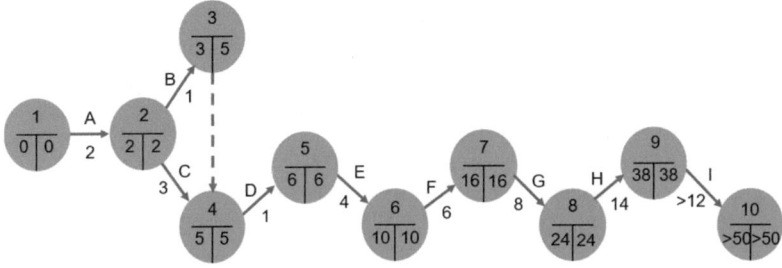

Abbildung 2: Darstellung anhand der Netzplantechnik (eigene Abbildung)

Die beiden Grafiken zeigen auf, dass frühestens nach 38 Monaten mit dem Betrieb der Sporthalle begonnen werden kann.

2 Kommunale Sportentwicklungsplanung

2.1 Grundformel zur Berechnung des Sportstättenbedarfs

Nachfolgend ist die Grundformel zur Berechnung des Sportstättenbedarfs abgebildet.

$$\text{Sportstättenbedarf (in AE)} = \frac{\text{Sportbedarf} \times \text{Zuordnungsquote}}{\text{Belegungsdichte} \times \text{Nutzungsdauer} \times \text{Auslastungsquote}}$$

Abbildung 3: Grundformel zur Berechnung des Sportstättenbedarfs (Bach, Köhl, 2006, S. 77)

Die einzelnen Parameter der Grundformel werden im Folgenden kurz erläutert.

Der **Sportbedarf** setzt sich aus den Sportlern, der Häufigkeit und der Dauer zusammen. **Sportler** sind all diejenigen Personen, die eine Sportanlage zur sportlichen Aktivität nutzen wollen. Die **Häufigkeit** beschreibt die Anzahl an Sportausübungen pro Woche, die **Dauer** den durchschnittlichen Zeitaufwand des Sportlers für seine Sportaktivität.

Die **Zuordnungsquote** gibt an, zu welchen Anteilen eine Sportart auf unterschiedlichen Sportanlagen ausgeübt wird oder ausgeübt werden soll (BISp, 2006, S.83). Dieser Wert liegt immer zwischen 0 und 1.

Die **Belegungsdichte** beschreibt die durchschnittliche Anzahl an Sportlern, die gleichzeitig die Sportanlage nutzen können.

Die **Nutzungsdauer** gibt an, wie viele Stunden pro Woche (Montag bis Freitag) eine Sportanlage im Durchschnitt genutzt wird bzw. genutzt werden soll.

Die **Auslastungsquote**, die den Grad der zu erreichenden Auslastung einer Sportanlage angibt, stellt die Ist-Auslastung der maximal möglichen Auslastung gegenüber.

2.2 Berechnung des Sportstättenbedarfs

Anhand der untenstehenden Daten werden im Folgenden der Sportbedarf und die Auslastungsquote der Stadt Mannheim berechnet.

Tabelle 2: Übersicht der Ausgangsdaten der Stadt Mannheim (eigene Darstellung)

Sportler	Häufigkeit (je Woche)	Dauer (Std. /Einheit)	Zuordnungsfaktor	Sportstättenbedarf	Belegungsdichte	Nutzungsdauer (Std. /Woche)
24000	1,5	1,8	0,5	70	25	30

Sportbedarf:

Sportbedarf = Sportler*Häufigkeit*Dauer = 24000*1,5*1,8 = 64800
Der Sportbedarf beträgt 64800.

Auslastungsquote:

$$Sportstättenbedarf = \frac{Sportbedarf*Zuordnungsquote}{Belegungsdichte*Nutzungsdauer*Auslastungsquote}$$

$$\rightarrow Sportstättenbedarf*Auslastungsquote = \frac{Sportbedarf*Zuordnungsquote}{Belegungsdichte*Nutzungsdauer}$$

$$\rightarrow Auslastungsquote = \frac{Sportbedarf*Zuordnungsquote}{Belegungsdichte*Nutzungsdauer*Sportstättenbedarf}$$

$$\rightarrow Auslastungsquote = \frac{64800*0,5}{25*30*70} = 0,62 \ (0,617)$$

Die Auslastungsquote hat einen Wert von 0,62.

2.3 Förderinteressenten

Mit der gegebenen Aussage „Während die Bundesregierung ausschließlich den Breitensport fördert, besitzen die Bundesländer und Kommunen lediglich Förderinteressen am Spitzensport." kann nicht konform gegangen werden. Die Förderinteressen der Bundesregierung und der Bundesländer sowie den Kommunen werden diesbezüglich nun erläutert.

Die Bundesrepublik Deutschland zeigt großes Interesse an der Förderung des deutschen Spitzensports, weil dieser die Bundesrepublik Deutschland stärker repräsentiert als der Breitensport. Zudem soll das Image von Deutschland durch herausragende Leistungen bei internationalen sportlichen Wettkämpfen, wie z.b. die olympischen Spiele oder eine Fußballweltmeisterschaft, verbessert werden. „Leistung und Auftreten deutscher Spitzensportlerinnen und -sportler tragen zum Ansehen Deutschlands in aller Welt bei" (Bundesministerium des Innern, 2019). Damit solch eine Leistung erzielt werden kann, muss diese Förderung auch veranlasst werden, die jedoch nicht ohne weiteres erfolgt. Die einzige komplett durch den Bund geförderte Sportstätte ist das Bundesleistungszentrum Kienbaum .Für alle anderen Maßnahmen gilt das sogenannte „Subsidiaritätsprinzip", das vorgibt, dass haushaltsrechtlich zunächst alle anderen Finanzierungsmöglichkeiten (durch Kommunen, Länder oder private Investoren) auszuschöpfen sind, bevor eine Förderung durch die Bundesregierung in Anspruch genommen werden kann (Plünnecke & Schlaffke, 2018, S.48). Finanzielle Unterstützung durch die Bundesregierung kann es nur ergänzend geben (Bundesministerium des Innern, 2019). Dies gilt aber nicht für Instandsetzungsmaßnahmen an Sportanlagen des Spitzensports. Jedoch werden aufgrund des Subsidiaritätsprinzips nicht nur für den Neubau (nur in begründeten Fällen), sondern auch für Sanierungsmaßnahmen finanzielle Mittel bereitgestellt.

Als Förderinteressent des Spitzensports soll die Bundesrepublik Deutschland weiterhin ein hohes Ansehen bei internationalen Wettkämpfen erzielen und beibehalten, wohingegen der Breitensport nicht bundesseitig gefördert wird.

Denn neben der Bundesregierung haben auch die Bundesländer und Kommunen Interesse sowohl am Spitzensport als auch am Breitensport. Die Anlagen des Spitzensports befinden sich in unterschiedlichen Bundesländern. Je höher der Erfolg, die Attraktivität und die (Trainings-)Möglichkeiten eines Standortes sind, desto eher fließen weitere finanzielle Bundesmittel in die Sportanlagen, sodass jedes Land ein hohes Interesse hat, seine Standorte zu fördern (Plünnecke & Schlaffke, 2018, S.50). Deswegen zeigen die Bundesländer und Kommunen ebenfalls ein großes Interesse in der Förderung dieser Sportanlagen. Des Weiteren wird auch der Breitensport neben dem Spitzensport als gesamtstaatliche Aufgabe gesehen und gefördert (Plünnecke & Schlaffke, 2019, S.50). Im Wesentlichen übernehmen die Kommunen und Bundesländer die Aufgabe der Förderung des Breitensports, der als Freizeitsport von Alt und Jung, Schulsport sowie Behindertensport definiert wird (Die Landesregierung Nordrhein-Westfalen, 2019).

Die Kommunen und Länder beschäftigen sich mit dieser Aufgabe, da die Förderung des Breitensports in der Gesellschaft als sehr wichtig empfunden und gesehen wird. „Sport und Bewegung können entscheidend zu einem gesunden und befriedigendem Leben beitragen. Sie dienen zugleich in hohem Maße dem Gemeinwohl und der Verständigung. […]. Er soll dazu beitragen, dass jede Bürgerin und jeder Bürger die Chance erhalten, sich unter Berücksichtigung der individuellen Möglichkeiten und Wünsche sportlich zu betätigen. Ziel ist, möglichst viele Menschen dauerhaft für einen aktiven Lebensstil sowie für Bewegungs- und Sportangebote in Sportvereinen zu gewinnen" (Die Landesregierung Nordrhein-Westfalen, 2019).

3 Finanzierung und Betrieb von Sportanlagen

3.1 Investition und Finanzierung

Nachfolgend werden die Barwerte der Ein- und Auszahlungen der Investition mit einer Laufzeit von fünf Jahren sowie der daraus entstehende Kapitalwert berechnet. Hierbei beträgt die Kapitalverzinsung 12%.

Der folgende Rechenweg beruht auf der Annahme, dass sich die Laufzeit von fünf Jahren gemäß der Aufgabenstellung auf die Jahre 2015 bis 2019 bezieht. Des Weiteren wird davon ausgegangen, dass das Jahr 2015 als das „erste Rechenjahr" definiert wird, in dem die Betriebs- und Instandhaltungskosten 100000€ betragen.

Investitionsausgaben/Anschaffungskosten $A_0 = 3000000€$

Barwerte der Auszahlungen:

1. Jahr: Auszahlungsbetrag*Abzinsungsfaktor = $100000€*1,12^{-1} = 89285,71€$

2. Jahr: Auszahlungsbetrag*Abzinsungsfaktor = $100000€*1,03^1*1,12^{-2} = 82110,97€$

3. Jahr: Auszahlungsbetrag*Abzinsungsfaktor = $100000€*1,03^2*1,12^{-3} = 75512,77€$

4. Jahr: Auszahlungsbetrag*Abzinsungsfaktor = $100000€*1,03^3*1,12^{-4} = 69444,78€$

5. Jahr: Auszahlungsbetrag*Abzinsungsfaktor = $100000€*1,03^4*1,12^{-5} = 63864,39€$

$\sum$ **Barwerte Auszahlungen:** **380218,62€**

Barwerte der Einzahlungen:

1. Jahr: Einzahlungsbetrag*Abzinsungsfaktor $=$ (60000€/119%+12*1000€)*1,12^{-1} = 55732,29€

2. Jahr: Einzahlungsbetrag*Abzinsungsfaktor $=$ ((60000€*1,15^1)/119%+12*1000€) *1,12^{-2} = 55790,17€

3. Jahr: Einzahlungsbetrag*Abzinsungsfaktor $=$ ((60000€*1,15^2)/119%+12*1000€) *1,12^{-3} = 56003,35€

4. Jahr: Einzahlungsbetrag*Abzinsungsfaktor $=$ ((60000€*1,15^3)/119%+12*1000€) *1,12^{-4} = 56359,51€

5. Jahr: Einzahlungsbetrag*Abzinsungsfaktor $=$ ((60000€*1,15^4)/119%+12*1000€) *1,12^{-5} = 56847,77€

$\sum$ **Barwerte Einzahlungen:** **280733,09€**

Kapitalwert (K):

K = -Anschaffungskosten + $\sum$ Barwerte Einzahlungen - $\sum$ Barwerte Auszahlungen + Barwert Liquidationserlös = -3000000€+280733,09€-380218,62€+0€ = -3099485,53€

Der Kapitalwert der Investition beträgt -3099485,53€.

3.2 Auslastungsanalyse einer Sportanlage

Durch eine optimale Auslastung einer Sportanlage soll ein hoher Kostendeckungsgrad erreicht und die Nachfrage der Gesellschaft nach Sport gestillt werden.

Die Auslastungsanalyse einer Sportanlage vergleicht den Umfang einer gegebenen Nutzung mit der möglichen Maximalnutzung. Hierbei werden sowohl die Belegungsdichte (Anzahl der Sportler pro Sportfläche) als auch die tatsächliche Nutzungszeit vernachlässigt. Jedoch werden die Ist- und Soll-Nutzungsdauer und die Ist- und Soll-Belegungsdichte erfasst. Anhand dieser beiden Faktoren kann nun die Auslastung einer Sportanlage analysiert, kalkuliert und beeinflusst werden. Die bestmögliche Auslastung (100%) ist dann erreicht, wenn beide Ist-Werte den dazugehörigen Soll-Werten gleichen. Alle andere Abweichungen haben eine Unter- oder Überbelastung zur Folge (Plünnecke, Schlaffke, 2018, S. 83)

Im Folgenden soll nun eine Auslastungsanalyse mit vorgegebenen Werten einer Sportanlage mit programmierter Nutzung durchgeführt werden.

Tabelle 3: Auslastungsanalyse einer beliebigen Sportanlage (eigene Darstellung)

Belegungszeitraum	Belegung			
			Belegungsdichte (Spo/A)	
	Stunden	Sportart	Ist-Belegungs-dichte	Soll-Belegungs-dichte
Montag 17:00 – 18:30	1,5	Handball	14	12
Dienstag 20:00 – 21:30	1,5	-	-	15
Mittwoch 19:00 – 21:30	2,5	Basketball	15	20
Donnerstag 20:00 – 22:00	2,0	Fußball	18	15
Freitag 19:00 – 20:00	1,0	Badminton	5	15
Maximale Nutzungskapazität: 83%				

	Auslastung	
	Ist	Soll
Ist-Nutzungsdauer (Std/Wo)	7,0	
Soll-Nutzungsdauer (Std/Wo)		8,5
Ist-Sportler insgesamt (Spo)	52	
Soll-Sportler insgesamt (Spo)		77
Ist-Sportlerstunden insgesamt (Spo*Std/Wo)	99,5	
Soll-Sportlerstunden insgesamt (Spo*Std/Wo)		135,5
Auslastung		73,43%
Kapazitätsreserve		9,57%

Rechenwege der Kennzahlen (siehe Tab. 3):

Ist-Nutzungsdauer (Std/Wo): $1,5+2,5+2+1 = 7$

Soll-Nutzungsdauer (Std/Wo): $1,5+1,5+2,5+2+1 = 8,5$

Ist-Sportler insgesamt (Spo): $14+15+18+5 = 52$

Soll-Sportler insgesamt (Spo): $12+15+20+15+15 = 77$

Ist-Sportlerstunden insgesamt (Spo*Std/Wo): $1,5*14+1,5*0+2,5*15+2*18+1*5 = 99,5$

Soll-Sportlerstunden insgesamt (Spo*Std/Wo): $1,5*12+1,5*15+2,5*20+2*15+1*15 = 135,5$

Auslastung: Ist-Sportlerstunden insgesamt (Spo*Std/Wo)/Soll-Sportlerstunden insgesamt (Spo*Std/Wo) = $99,5/135,5 = 73,43\%$

Kapazitätsreserve: Maximale Nutzungskapazität-Auslastung = $83\%-73,43\% = 9,57\%$

3.3 Auslastungsoptimierung

Die folgende Tabelle veranschaulicht nun eine Optimierungsmöglichkeit hinsichtlich der Belegungszuweisung der Sportanlage.

Tabelle 4: Übersicht einer Auslastungsoptimierung für die Sportanlage (eigene Darstellung)

Belegungszeitraum			Belegung	
			Belegungsdichte (Spo/A)	
	Stunden	Sportart	Ist-Belegungs-dichte	Soll-Belegungs-dichte
Montag 17:00 – 18:30	1,5	Badminton	5	12
Dienstag 20:00 – 21:30	1,5	Handball	14	15
Mittwoch 19:00 – 21:30	2,5	Fußball	18	20
Donnerstag 20:00 – 22:00	2,0	Basketball	15	15
Freitag 19:00 – 20:00	1,0	-	-	15
Maximale Nutzungskapazität: 83%				

	Auslastung	
	Ist	Soll
Ist-Nutzungsdauer (Std/Wo)	7,5	
Soll-Nutzungsdauer (Std/Wo)		8,5
Ist-Sportler insgesamt (Spo)	52	
Soll-Sportler insgesamt (Spo)		77
Ist-Sportlerstunden insgesamt (Spo*Std/Wo)	103,5	
Soll-Sportlerstunden insgesamt (Spo*Std/Wo)		135,5
Auslastung	**76,38%**	
Kapazitätsreserve	**6,62%**	

Berechnung der neuen Ist-Auslastung:

Ist-Sportlerstunden insgesamt (Spo*Std/Wo)/Soll-Sportlerstunden insgesamt (Spo*Std/Wo) = 103,5/135,5 = **76,38%**

Die neu errechnete Ist-Auslastung beträgt nun 76,38%, die neue Kapazitätsreserve 6,62%.

Im Vergleich zum ursprünglichen Belegungsplan (siehe Tab. 3) wurde die Auslastung durch das Umstellen der Sportarten auf neue Belegungszeiträume um fast 3% (2,95%) gesteigert.

Zudem können jetzt alle Sportarten ohne Bedenken ihre Trainingseinheiten absolvieren, da zusätzlich die Werte der Ist-Belegungsdichte den Werten der Soll-Belegungsdichte angepasst wurden.

3.4 Nachhaltigkeit von Sportstätten

Im Folgenden wird die Aussage „Die nachhaltigsten Olympischen Spiele sind die, die gar nicht stattfinden." unter Einbezug der Olympischen Spiele 2012 in London diskutiert. Zu Beginn wird jedoch kurz erläutert, was unter der Nachhaltigkeit in Bezug auf Sportanlagen und Sportstätten zu verstehen ist.

Der Begriff „Nachhaltigkeit" kommt ursprünglich aus der Forstwirtschaft im Mittelalter und wurde bis zur heutigen Moderne stets weiterentwickelt. So ist eine nachhaltige Entwicklung „eine Entwicklung, die den Bedürfnissen der heutigen Generation entspricht, ohne die Möglichkeit zukünftiger Generationen zu gefährden, ihre eigenen Bedürfnisse zu befriedigen" (Plünnecke & Schlaffke, 2018, S. 93). Im modernen Verständnis wird heute unter „Nachhaltigkeit" die Realisierung eines umwelt- und sozialverträglichen wirtschaftlichen Erfolgs unter gleichwertiger Berücksichtigung der drei Nachhaltigkeitsdimensionen „ökologisch", „ökonomisch" und „sozial" verstanden, die das sogenannte „Drei-Säulen-Modell der Nachhaltigkeit" bilden (Plünnecke & Schlaffke, 2018, S. 93). Hierbei fokussiert sich **die ökologische Nachhaltigkeit** auf den Erhalt der Lebensgrundlage der Menschen (ökologisches System), die **ökonomische Nachhaltigkeit** hingegen auf den Erhalt und die Steigerung der Leistungsfähigkeit sowie auf eine ständige Verbesserung der Wirtschaftlichkeit. Die **soziale Nachhaltigkeit** beschäftigt sich schließlich mit dem Aspekt eines gerechten Zugangs auf Grundgüter und der Gewährleistung von Verwirklichkeitschancen. Weitere Themen sind das Konzept des Sozialkapitals, eine soziale Integration und soziale Verbindungen innerhalb der Gesellschaft.

Basierend auf diesen drei Säulen der Nachhaltigkeit bedeutet das nachhaltige Betreiben von Sportanlagen und -stätten dann, „diese so zu betreiben, dass ein möglichst großer Nutzen für den Eigentümer/Betreiber, die Nutzer (Mitarbeiter, Sporttreibende) und die Gesellschaft entsteht, bei gleichzeitiger Vermeidung bzw. kontinuierlicher Reduzierung negativer ökologischer, ökonomischer und sozialer Folgen" (Plünnecke & Schlaffke, 2018, S. 95).

Auch das Erlangen von Nachhaltigkeit bei Sportgroßveranstaltungen, wie z.B. der olympischen Spiele, ist von bedeutender Wichtigkeit. So bestehen die die Anforderungen, die das Internationale Olympische Komitee (IOC) hinsichtlich der Nachhaltigkeit für die Kandidatenstädte formuliert, nicht nur darin, negative Auswirkungen zu vermeiden, sondern auch darin, einen guten „Fußabdruck" zu hinterlassen.

Dies bezieht sich auf das Umwelt- und Nachhaltigkeitskonzept, das die vier zentralen Handlungsfelder „Schutz des Klimas, Schutz der natürlichen Lebensgrundlagen, eine nachhaltige Regionalentwicklung sowie Bildung für nachhaltige Entwicklung" erreichen soll (Plünnecke & Schlaffke, 2018, S. 258). Übertragen auf Olympia 2012 meint Nachhaltigkeit, dass der maßvolle Umgang mit Ressourcen bei den riesigen Investitionen in Sportstätten und Infrastruktur berücksichtigt wird, sodass diese auch nach den Spielen weiter sinnvoll genutzt werden können.

Ökologisch:

Zum einen zielen die olympischen Spiele auf eine verstärkte Effizienz der Ressourcenverteilung, speziell bei den Themen der Energieherstellung und -verwertung, des Klimaschutzes sowie bei Trinkwasser und der Müllverarbeitung. Zum anderen finden die internationalen Wettkämpfe jedes Mal woanders statt, was wiederrum bedeutet, dass die Bedingungen für die Austragung immer wieder neu geschaffen werden müssen. Folglich müssen alle Sportstätten, die Infrastruktur, das Olympische Dorf und die Pressezentren, sowie viele andere Einrichtungen neu gebaut oder bereits vorhandene Gebäude saniert werden. Dies trägt zu einer enormen Belastung der Umwelt, der Ressourcenverwendung und des Klimas bei. In London „[…] sollen 70 Prozent des entstehenden Abfalls wiederverwendet, recycelt oder kompostiert werden. Besonders großen Wert legen die Organisatoren darauf, ein langfristig nutzbares "Erbe" ("Legacy") zu hinterlassen" (BMU, 2012).

Ökonomisch:

Auf ökonomische Aspekte, wie die Nutzung von Sportanlagen nach Ende der Veranstaltung oder Folgekosten, soll ebenfalls geachtet werden. Dem gegenüber stehen jedoch eine intensive Planungsarbeit mit erhöhten Instandhaltungskosten gegenüber. Jedoch überwiegt hier die Weiterverwendung von Anlagen wie die Basketballarena in London aufzeigt. Diese „[…] wird nach Ende der olympischen Wettkämpfe wieder abgebaut. Die demontierbaren Tribünen für 12.000 Zuschauer sind vollständig getrennt von der Gebäudehülle aus PVC-Membranen und Stahl-Fachwerkrahmen, um den Abbau und die Wiederverwendung zu erleichtern. Das Gebäude ist unbeheizt; die Kühlaggregate wurden lediglich auf Leihbasis angeschafft. Über 70 Prozent der Zuschauersitze sind schwarz, da schwarzer Kunststoff leichter zu recyceln ist" (BMU, 2012). Des Weiteren sind im Londoner East End, einer der strukturschwächsten Regionen Großbritanniens, dauerhaft 250 neue Arbeitsplätze entstanden, wodurch auch hier die Wirtschaftlichkeit enorm angetrieben wurde.

<u>Sozial:</u>

Schließlich sollen aber auch soziale Aspekte, zu denen unter anderem das Verbessern der Infrastruktur bezogen auf den Sport zählt, in Betracht gezogen werden. „Mit dem "olympischen Dorf" [in London] sind Unterkünfte für 17.000 Teilnehmer der Spiele entstanden. Sie sind besonders energieeffizient und haben begrünte Dächer. Nach den Wettkämpfen sollen sie zu einem Teil der Stadt werden und 2.800 Wohnungen bieten, darunter fast 1.400 besonders günstige Wohnungen. Dabei wird das ehemalige Olympiagelände einer der am besten an öffentliche Verkehrsmittel angeschlossenen Teile Londons sein" (BMU, 2012).

Zusammenfassend ist zu sagen, dass zwar jede Veranstaltung, unabhängig ihrer Größe, Bedeutung und Reichweite, einen Fußabdruck hinsichtlich der drei oben genannten Säulen der Nachhaltigkeit hinterlässt und dies auch fast nicht zu verhindern ist. Dennoch bieten solche Veranstaltungen dem Gastgeber bedeutende Chancen und Möglichkeiten für einen Neuaufbau, den Erhalt oder eine Verbesserung bezüglich der Wirtschaftlichkeit und dem sozialen Gleichgewicht innerhalb der Gesellschaft.

4 Digitale Vermarktung von Sportanlagen und Sportstätten

Tabelle 5: Übersicht von Möglichkeiten einer digitalen Vermarktung von Sportanlagen und Sportstätten (eigene Darstellung)

Möglichkeit	Mehrwert Betreiber	Mehrwert Fans	Mehrwert Sponsoren
Social-Media-Marketing	-Aufbau einer eigenen Community -Gewinnung neuer Kunden -mehr Umsatz durch den gezielten Einsatz von Sonderangeboten -stärkere Imagebildung -Beobachtung von Trends und der Konkurrenz -einfache, schnelle und unkomplizierte Bedienung, da moderne Plattformen -hohe Reichweite durch sehr starken Nutzen der User	-User/Fans bekommen einen Ansprechpartner bei Fragen (FAQ) -Rückblick auf Veranstaltungen durch Berichterstattungen/Medien -Fans werden oft und regelmäßig mit News informiert →Identifikation mit dem Verein -Möglichkeit zu einer Art „Diskussionsforum" oder „Austauschbörse" -Fans können Verein einfach und schnell an	-Gewinnung neuer Kunden -Einfache Möglichkeit für Werbeschaltungen/Anzeigen -stärkere Imagebildung -Verlinkung der Sponsoren in den Posts/durch Medien →Bekanntheitsgradsteigerung -bei Posts kann der Sponsor der Protagonist sein, das heißt es können separate Sachen nur über den Sponsor hochgeladen werden

		Dritte weiter verlinken und damit werben	→einfache, kostenlose und direkte Werbefläche
	→Bekanntheitsgradsteigerung → geringe Streurate		
Influencer-Marketing	-Passgenauigkeit: Influencer spricht optimale Zielgruppe an -Werbung durch Vertrauen (Fans trauen dem Influencer) -Influencer-Marketing schafft Inhalte mit langer Wirkungsdauer (Blogs/YouTube) -Influencer sind genau auf den Kanälen vertreten wie die Fans/Mitglieder (Zielgruppe) -Influencer produzieren ihren Inhalt selbst → keine Marketingkosten	-Identifikation der Fans mit Influencer und dadurch mit dem Verein →Fan sein, weil Vorbild ist auch ein Fan -Vertrauen wächst zum Verein, da Influencer (Vorbild) diesen als gut darstellt	-Einfache Möglichkeit für Werbeschaltungen/Anzeigen →Neukundengewinnung -stärkere Imagebildung -Verlinkung der Sponsoren in den Posts/durch Medien →Bekanntheitsgradsteigerung -Möglichkeit zu Kooperationen mit Influencer →verstärktes eigenes Marketing des Unternehmens →Neukundengewinnung →Umsatzsteigerung
Vereins-App	-Einfache und übersichtliche Darstellung aller Informationen →Transparenz und Ehrlichkeit -Spontanes kann sofort in die App mit integriert werden (z.B. Kursausfall) -Offene Darlegung aller rechtlichen Bedingungen über den Verein →Signalisiert Offenheit nach außen -Verstärkter Medieneinsatz →Installation von Mediendateien (Bilder, Videos), Presseartikeln und Aktivitäten bezüglich der Öffentlichkeitsarbeit	-Jederzeitige und schnelle Informationsbeschaffung über den Verein durch einfaches Bedienen der App -User/Fans bekommen einen Ansprechpartner bei Fragen (FAQ) -Rückblick auf Veranstaltungen durch Berichterstattungen/Medien →Identifikation mit dem Verein -Vereinfachte Mund-zu-Mund Propaganda möglich, da alles visuell veranschaulicht wird	-Einfache Möglichkeit für Werbeschaltungen/Anzeigen -Verlinkung der Sponsoren in der App auf deren Homepage -Bekanntheitsgradsteigerung -Möglichkeit zum „Vorstellen des Unternehmens" durch eigene Rubrik in der App →Ausstrahlen von Sympathiewerten für Kundenkontakt

	-Sehr hohe Reichweite möglich durch Smartphone-Boom →Bekanntheitsgradsteigerung		
Online-Kampagne (z.B. HC Erlangen – „Wir sind Erlangen, wir sind Handball!"	-Kundenbindung -stärkere Imagebildung -hohe Reichweite durch Digitalisierung →Bekanntheitsgradsteigerung -Kundenneugewinnung durch das Anbieten den Verein kennenzulernen -Integration von Gewinnspielen/Rabattaktionen -Einbezug von regionalen VIP's als Markenbotschafter	-Identifikation und Zeigen von Treue dem Verein gegenüber durch Teilnahme -durch Digitalisierung einfach Möglichkeiten zur Weiterverbreitung -Teilnahme an Gewinnspielen →Gewinn von Sachpreisen oder Rabatten →Vereinsbindung	-Vermarktung der Kampagne als „offizieller Partner des Vereins" →Imagesteigerung →Bekanntheitsgradsteigerung -Verlinkung der Sponsoren auf allen Werbeflächen/Anzeigen der Online-Kampagne -Kooperationen mit sozialen Gemeinschaften →Sympathiewerte steigen für potenzielle Neukunden

5 Literaturverzeichnis

Bach, U.-P.-I., & Köhl, U.-P.-I. (2006). *Leitfaden zur Sportstättenentwicklungsplanung*. Abgerufen am 04. Mai 2019 Von Bundesinstitut für Sportwissenschaft (BISp): https://www.google.com/url?sa=t&rct=j&q=&esrc=s&source=web&cd=1&cad=rja& uact=8&ved=2ahUKEwijnZO40f3hAhVrk4sKHXeRAIkQFjAAegQI-RAC&url=https%3A%2F%2Fwww.bisp.de%2FSharedDocs%2FDown-loads%2FPublikationen%2Fsonstige_Publikationen_Ratgeber%2FP1_06_Kommen-tar_Leitfaden.pdf%3F__blob%3DpublicationFile%26v%3D1&usg=AOvVaw0-umeC70pIJJX2Sqs6RzPZ

Bundesministerium für Umwelt, Schutz und nukleare Sicherheit. (05. Juli 2012). *Olympia 2012 in London: Was ist nachhaltiges Bauen?* Abgerufen am 11. Mai 2019 Von Bundesministerium für Umwelt, Schutz und nukleare Sicherheit: https://www.umwelt-im-unterricht.de/hintergrund/olympia-2012-in-london-was-ist-nachhaltiges-bauen/

Kowalski, M. (2019). *Breitensport – Sport für alle*. Abgerufen am 09. Mai 2019 Von Wir in NRW-Das Landesportal: https://www.land.nrw/de/breitensport-sport-fuer-alle-nordrhein-westfalen

Petermann, E. (2019). *Sport*. Abgerufen am 09. Mai 2019 Von Bundesministerium des Innern, für Bau und Heimat: https://www.bmi.bund.de/DE/themen/sport/sport-node.html

Plünnecke, P. D., & Schlaffke, P. D. (2018). *Studienbrief Sportanlagen- und Sportstättenmanagement*. Saarbrücken: Deutsche Hochschule für Prävention und Gesundheitsmanagement.

Polinna, C. (21. Februar 2015). *London als abschreckendes Vorbild*. Abgerufen am 11. Mai 2019 Von Tagesspiegel: https://www.tagesspiegel.de/berlin/olympische-spiele-in-berlin-london-als-abschreckendes-vorbild/11396730.html

Siemes, C. (13. August 2012). *Ein olympischer Feelgood-Moment in Campingatmosphäre*. Abgerufen am 11. Mai 2019 Von Zeit Online: https://www.zeit.de/sport/2012-08/london-2012-olympia-fazit-zeugnis

6 Abbildungs- und Tabellenverzeichnis

6.1 Abbildungsverzeichnis

6.2 Tabellenverzeichnis